Jibarito de la Cajita®

de la

UNA NUEVA TRADICIÓN NAVIDEÑA

Cuento por Víctor Febus y Merari Cruz Loubriel

Ilustrado por Olgy Quiles

Diseño Gráfico: Whiteboard Solution LLC

Ilustraciones: Olgy Quiles

1a edición: Septiembre 2020

ISBN 978-0-578-74855-9

© Stride Group, LLC., 2020

Impreso en China.

Tal vez has escuchado la historia de los Tres Reyes Magos
que vienen del oriente a dejarnos regalos.
Pero, ¿sabías que hace mucho tiempo,
cuando a Puerto Rico llegaron,
aunque estaban muy contentos,
perdidos quedaron?

Esta es la historia de esa noche diferente,
donde un Jibarito buena gente
se convertiría en el guía de los reyes.

En un hermoso lugar
con olor a grama, café y guayaba,
vivía un alegre Jibarito
que con una chiringa jugaba.
Mientras la brisa soplaba y la noche caía,
a lo lejos veía tres figuras que no reconocía.

Como siempre, cortés y buena gente,
caminó hacia los tres muy sonriente.
¡Sorpresa! Eran los Tres Reyes de oriente.
Los encontró montados a caballo
y no en camello como siempre.

—Saludos compay, compay, compay —les dijo el Jibarito
inclinando su cabeza con gesto noble y bien bonito.
Agarrando su pavita, la llevó hasta su pecho.
Era un momento mágico, eso era un hecho.

Preguntó el jibarito —¿Qué hacen por aquí?—
Mientras se oía el canto del coquí.
Con una algarabía sin fin, a coro le contestaron:
—Traemos regalos a los niños de corazones honrados.
Sin embargo, estamos confundidos con el mapa trazado
y hemos perdido la estrella que nos guiaba con agrado —

El Jibarito muy contento
fue corriendo a su casa.
Buscó una cajita llena de grama
y un candungo lleno de agua.
Un rico café puya le sirvió a cada rey.
Les dijo: —Creo que con esto aguantan hasta las sei' —

Los reyes sonrieron y las gracias le dieron.
Entonces le dijeron una noticia trascendente.
—Sabemos que tú, Jibarito,
siempre ayudas a la gente,
pues eres amable, trabajador,
honrado y valiente.
Por ti hemos venido y una pregunta te haremos:
¿Será posible que ayudes a estos
Tres Reyes de tan lejos?

Brincando de alegría el jibarito exclamó:
—¡Claro que si compay, cómo no!
Los llevaré donde niños
agradecios y bondadosos;
con espíritu compasivo,
que viven en paz y son generosos.

¡Los Reyes encantados quedaron!
Y a subirse al caballo al Jibarito invitaron.
Ni corto, ni perezoso
de un brinco cayó sentado.
Una misión nunca antes vista:
la de un jibarito con tres reyes a caballo.

Qué emoción sentían los Tres Reyes Magos,
esta aventura también les trajo un regalo.
Un nuevo amigo, qué cosa sorprendente.
Como la Estrella del Oriente
que los guió al pesebre,
es hoy el Jibarito quien los guía
a casas de niños buena gente.

Al terminar la noche,
repartieron con éxito todos los regalos,
pero el Jibarito notó, que tanto
Los Reyes como los caballos,
terminaron muy cansados.

—¡Qué increíble aventura! —
exclamó el Jibarito
lleno de emoción, pero hablando bajito—.
De ahora en adelante
y pa' su misión ayudar,
voy a trabajar pa' que todo niño
la cajita de grama y un buen café puya puedan preparar.

—¡Muy bien! —
Dijeron Los Reyes.
—Ahora te toca descansar. —
—Adiós compay, compay, compay...
Sé que pronto volverán.
Mientras, con mi cajita de grama
me voy a acurrucar.

Viendo los reyes partir por el cañaveral,
recostó su cabeza en la cajita
para poder descansar.

Y de ahora en adelante, en cada Navidad,
a tu casa el Jibarito siempre va a llegar.

Cuida tu corazón que puro esté siempre.
Sueña con ilusión,
mantén la esperanza ferviente.

Eres importante.
Eres especial.
Eres brillante y valiente.
Eres buena gente.

FIN

Palabras de vocabulario:

Chiringa: En Puerto Rico se utiliza para referirse a volantines, cometas o papalotes.

Cortés: Persona que es amable, considerada y educada; que guarda las normas de cortesía.

Compay: Se utiliza para referirse a una persona a la que se le tiene mucha confianza.

Pavita: (Pava) Sombrero hecho de paja utilizado en los campos.

Coquí: El coquí es un tipo de rana pequeña nativa de Puerto Rico, llamada así por el característico sonido que producen los machos de la especie.

Algarabía: Sonido producido por voces alegres y festivas.

Candungo: Envase o recipiente.

Café Puya: Distintivo para mencionar al café fuerte, sin leche ni azúcar.

Trascendente: Que es de mucha importancia.

Cañaveral: Plantación de caña.

Ferviente: Que tiene o muestra pasión por algo.

Buena Gente: Persona que se distingue por ser amable, humilde, bondadosa.

La nueva tradición:
El Jibarito de la cajita
llegará a tu casita,
a pasar la temporada de Navidad.
Con el puedes jugar, dormir y pasear.
Lo más importante es tu corazón cuidar
para que el Jibarito
vea tu bondad
y a los Reyes a tu casa
pueda guiar.

Mi Jibarito se llama: